LES DROITS

DES ARROSANTS DE CRAPONNE A ISTRES

RÉPONSE

AUX PRÉTENTIONS DE L'ASSEMBLÉE

Du 29 Avril 1877.

AVIGNON

IMPRIMERIE ADMINISTRATIVE DE GROS FRÈRES

—

1877

LES DROITS

DES ARROSANTS DE CRAPONNE A ISTRES

RÉPONSE

AUX PRÉTENTIONS DE L'ASSEMBLÉE

Du 29 Avril 1877.

AVIGNON

IMPRIMERIE ADMINISTRATIVE DE GROS FRÈRES

—

1877

LES DROITS DES ARROSANTS

DE CRAPONNE A ISTRES

Crier, rompre, briser n'est pas résoudre.

On s'est multiplié pour ramasser un os qui tombait, on s'est fait flagorneur pour être utile aux gêneurs, mais pour résoudre la question et dire la vérité à ceux qui sont dans l'erreur, jamais ; on exploite l'erreur parce qu'elle sert à exercer une petite vengeance.

J'ai toujours eu mon franc parler, je m'en flatte, je ne me départirai jamais de ce principe qui est celui des caractères loyaux ; quand on vit dans une société qui ne connaît pas ses devoirs et ignore jusqu'où vont ses droits, il appartient à celui qui est au-dessus du vulgaire de dissiper les brouillards. Je vais le faire, advienne que pourra.

Il y a deux ans de cela, j'étais à Eyguières et devant M. le Juge de paix, avec un arrosant de cette commune que j'avais assigné parce qu'il mésusait des eaux ; dans la discussion cet arrosant me dit ceci : Je ne me gênerai pas pour arroser quand il y aura de l'eau au canal, j'arrêterai et je prendrai toute l'eau au besoin sans me soucier des autres.

Aujourd'hui cet arrosant ne tient plus ce langage, il connaît ses droits et ses devoirs, il a été ramené à la raison. J'ai nullement la prétention de ramener à la raison certains arrosants d'Istres, ce serait chose trop difficile, mais j'ai bien celle de leur apprendre à remplir leur devoir dans l'intérêt même du corps des arrosants, que certaines personnalités compromettent gravement.

Pour ceux qui ont besoin de l'ombre et des ténèbres, les

chiffres sont d'une écrasante réalité. Je donne à méditer ce qui suit :

Par jugement du bureau des domaines du 21 mai 1723, M. de Grignan fut soumis d'entretenir à perpétuité dans le terroir d'Istres et dans le canal de son moulin, un moulan et demi d'eau de la Durance, dont la moitié est destinée pour l'arrosage des possédants biens dans le même terroir supérieurement au susdit moulin, et l'autre moitié pour le travail dudit moulin, et pour l'arrosage des propriétés inférieures au moulin.

Pour faire ce partage par moitié, deux experts furent nommés, lesquels décidèrent de l'avis des parties, d'établir deux contrefossés, un au levant et l'autre au couchant du du canal de M. de Grignan. Ces deux contrefossés furent établis pour prendre la moitié du moulan et demi, c'est-à-dire trois quarts de moulan d'eau, pour en laisser trois quarts dans le canal de M. de Grignan. Mais les experts trouvèrent des difficultés pour faire partir les dits contrefossés du quartier de Blaqueiron, d'où commencent les arrosages, ils décidèrent de les faire partir d'en dessous le pont du Massacre, et pour arroser les propriétés au-dessus du pont du Massacre, ils déterminèrent de poser des martelières et voici comment :

La première du levant qui est celle appelée aujourd'hui Blaqueiron, et une autre toujours du même côté pour arroser les biens de M. du Grou. Ils en désignent ensuite neuf autres pour arroser les biens de l'hôpital, du sieur Peyre, Cournaud, et autres, soit onze martelières; et ils disent : Il sera douné à chaque martelière une ouverture proportionnée de façon qu'elle ne puisse pas tirer au delà d'un quart de moulan d'eau; desquelles martelières, continuent-ils, il en sera ouvert trois à la fois pour prendre les trois quarts de moulan destinés pour les arrosages des propriétés supérieures au moulin, à condition qu'elles ne pourront être ouvertes que de l'ordre des Eygadiers, et après, que par les dits Eygadiers, les ouvertures des martelières du dit pont du Massacre par où l'eau découle dans les contrefossés auront été *fermées* et ne seront ouvertes qu'après que les susdits particuliers supérieurs au pont du Massacre auront fini leur arrosage ; ceci se passe de commentaire.

Voilà le règlement qui a régi les rapports des eaux qui qui existaient entre les arrosants inférieurs au moulin, et le moulin d'un côté et les arrosants supérieurs de l'autre. Cela a duré depuis 1730 jusqu'en 1834, époque de l'achat du moulin de Boisgelin.

Je répète : Il y avait onze martelières au-dessus du pont du Massacre, on ne pouvait en ouvrir que trois à la fois et les trois martelières prenant les trois quarts de moulan destinés aux arrosages supérieurs au moulin, pour laisser dans le canal les trois quarts de moulan destinés au moulin et aux arrosants inférieurs. On fermait les martelières des contrefossés au pont du Massacre.

Arrivons maintenant en 1834, prenons le moulan de Boisgelin, et examinons bien comment la situation doit être changée.

Pour ne pas rendre possible une méprise, je vais transcrire ici textuellement les articles 1 et 2 de la transaction du 8 mai 1834 qui règlent cette situation :

1o M. le comte de Grignan s'oblige d'acquérir en outre de l'eau qu'il a déjà, un autre moulan d'eau de la Durance et de le conduire et amener dans le territoire d'Istres pour en être fait l'usage et la répartition ci-après indiquée.

2o Le moulan et demi déjà possédé par M. de Grignan sera toujours réparti suivant les anciennes conventions auxquelles il n'est pas dérogé.

Le nouveau moulan sera utilisé savoir : trois quarts pour l'arrosement des propriétés supérieures au moulin d'Istres, libre au corps des arrosants de se le diviser comme il l'entendra, et l'autre quart, restera à l'usage du moulin à farine de M. de Grignan, situé dans le territoire d'Istres, et ensuite à l'irrigation des propriétés inférieures.

Voilà donc les arrosants supérieurs au moulin, qui, avec les trois quarts de moulans anciens ont aujourd'hui un moulan et demi d'eau, il n'est pas dérogé aux anciennes conventions pour les trois quarts anciens et pour les trois quarts nouveaux; le corps a pu se les diviser comme il a entendu, et qu'est-ce qu'il a entendu ?

Il a entendu d'abord de changer la prise de Blaqueiron et d'y en faire couler un demi moulan continuellement sans jamais fermer la martelière.

Or, que reste-t-il aux autres depuis Blaqueiron jusqu'au moulin? il en reste un moulan ; comment le corps des arrosant a-t-il entendu se le diviser; le principe établi par le rapport des experts du 11 septembre 1729 reste toujours la base de cette nouvelle répartition, Blaqueiron ayant pris à la naissance un demi moulan, il reste dans le canal deux moulans et puisqu'un quart de moulan vient s'ajouter aux trois quarts anciens qui doivent passer au moulin, c'est toujours par moitié que l'eau doit être partagée au pont du Massacre, mais ayant la faculté de se diviser les trois quarts nouveaux comme il l'entendait, le corps des arrosants voulut ne pas prendre tout le moulan au Massacre, il créa alors deux nouvelles martelières, celle de Cacaro à l'est et celle de Capelonne à l'ouest; par conséquent le moulan d'eau que doivent prendre les arrosants supérieurs au moulin et inférieurs à Blaqueiron, doit passer par les deux contrefossés du Massacre, et par les martelières de Cacaro et de Capelonne, et certes, ces quatre martelières sont bien de dimension à prendre la moitié de l'eau, c'est-à-dire un moulan qui reste après avoir desservi Blaqueiron, tout membre du corps des arrosants peut s'assurer de cela.

Il est toujours bien entendu que lorsque les Patis arroseront, ils ne pourront ouvrir que trois martelières à la fois et puisque Blaqueiron est toujours ouvert par un quart ancien et un quart nouveau, les Patis ne peuvent plus ouvrir que deux martelières à la fois et il ne reste aux arrosants d'entre le Massacre et le moulin qu'un demi moulan, qui est pris par le contrefossé des Craux et par Cacaro, de quoi il résulte que dans la situation actuelle les Patis prennent un demi-moulan, le contrefossé de la Pujade et Capelonne doivent être fermés et ne s'ouvrir que lorsque les Patis ont fini d'arroser.

Voilà donc quels sont vos droits, Messieurs les promoteurs de la scène du 29 avril 1877. Vous voyez bien qu'il n'est pas question des prises d'eau de Bussy, de Girardot et de l'Éperon qui n'en sont pas et desquelles vous usez à tort en prenant ce qui ne vous appartient pas, puisque le partage des eaux est déjà fait plus haut. Il y a loin de vos droits réels à vos prétentions absurdes.

Et encore il faut examiner si pour user de vos droits vous remplissez vos devoirs comme il découle du principe de justice.

Les arrosants au dessus du Massacre peuvent avoir entre tous onze prises d'eau; Blaqueiron étant continuellement ouvert, ils ne peuvent en ouvrir que deux à la fois.

Voyons d'abord le nombre des prises existantes.

Par procès-verbal de constatation du 11 mai 1877, le garde champêtre Berthon a trouvé depuis la branche Porry jusqu'à Blaqueiron, 12 grandes martelières, 28 coupures et 9 bourneaux; observent-ils quelques règlements, attendent-ils quelque ordre pour ouvrir plus ou moins de prises les arrosants des Patis? Non pas! Elles sont ouvertes toutes à la fois quand cela plait auxdits arrosants. L'administration du syndicat ne s'en occupe pas, les Eygadiers ne disent rien, chacun fait sa tête.

Mais enfin quand les Patis arrosent ainsi, qu'ils prennent un demi moulan ou trois quarts ou un moulan entier ce qui arrive souvent, ferme-t-on la Pujade et Capelonne?

Non pas. Non seulement on ne ferme pas la Pujade et Capelonne, mais encore on ouvre Bussy, Girardot et l'Éperon, sans compter quatre petites martelières qu'il y a entre l'Éperon et le moulin, qui comme l'Éperon ne devraient être ouvertes qu'avec l'autorisation du meunier et des arrosants inférieurs.

Le garde champêtre a constaté que la tranchée de Bussy avait 0, 45 centimètres de largeur, que la martelière de Girardot en avait 0, 29. Il n'a pû mesurer le trou fait à l'Éperon par le sieur Louis Bedoc le 30 avril dernier, mais il est certain que lorsque le canal contiendra deux moulans d'eau au dessous de Blaqueiron et que bien entendu les Patis n'arroseront pas, que les deux contrefossés seront ouverts ainsi que Cacaro et Capelonne, Bussy, Girardot et l'Éperon, il ne restera plus d'eau dans le canal pour faire tourner le moulin ; que voulez-vous alors que cela soit lorsque les Patis arrosent ? et il est rare, très rare qu'ils n'arrosent pas, on peut même dire qu'ils arrosent toujours.

Voilà donc la situation telle quelle est faite au moulin, 60 prises d'eau sur le canal au lieu de 15 comme il devrait y en avoir, presque à chaque prise il y a de quoi établir et on établit un barrage dans le canal au moyen d'une planche ; l'administration du corps des arrosants laisse faire, les règlements, les titres sont foulés aux pieds ; point d'ordre, point d'organisation, pillage et gaspillage, bris de vanne et de cadenas, prend qui veut, attrappe qui peut, c'est l'anarchie qui règne et qui gouverne ; puis on veut qu'un homme qui voit cela, qui a mission de le faire cesser et qui se respecte, laisse subsister une pareille abomination. Les principes d'ordre, de justice et d'égalité, qui découlent de mes sentiments républicains, me défendent de tremper dans une pareille usurpation, j'ai mission de l'empêcher, je ferai le bien et laisserai dire.

Et vous, messieurs les syndics, conseillers, doctes et

praticiens du corps, qui avez laissé compromettre le syndicat pour le passé, ne le laissez plus compromettre pour l'avenir. Rendez à César ce qui appartient à César, règlementez les arrosages suivant vos titres.

Pour atténuer les fautes du syndicat qui ressortent de cette situation anormale, certains praticiens de l'association, ceux surtout qui profitent de cet état compromettant disent: Les hoirs de Grignan sont obligés à nous amener un moulan et demi d'eau de la Durance dans le territoire d'Istres, nous avons à placer une échelle hydraulique avant la chute du moulan Désiré et toutes les fois qu'il y aura manquant à cette échelle nous ferons dresser procès-verbal et nous les ferons condamner à de grands dommages et intérêts.

Pour dissiper cette prétention erronée, je n'ai qu'à mettre sous les yeux ce qui a été convenu le 8 mai 1834 entre M. de Grignan et le corps des arrosants ; ce dont voici :
Art. 10. Pour la surveillance future des deux moulans et demi d'eau qui devront arriver à Istres, il sera nommé un préposé ou Eygadier assermenté, qui sera payé à frais commun, ce préposé portera ses investigations sur tout le canal de M. de Grignan et même supérieurement si le cas l'exige, il dressera des procès verbaux contre les abusants, fermera les ouvertures faites par infraction, veillera enfin à tous les intérêts des contractants.

1º Après que M. de Grignan aura fait statuer sur les droits des usagers et sur les usurpations dont il s'agit, le corps des arrosants sera tenu de concourir avec lui à réprimer tous nouveaux abus soit simultanément soit seul s'il était plus diligent, mais dans tous les cas à frais communs, il en sera de même de tous les nouveaux abus et autres quelconques qui seraient commis à dater de ce jour.

Le montant des condamnations qui seraient prononcées, favorable ou contraire, sera toujours partagé par moitié égale entre M. de Grignan et le corps.

J'en appelle aux arrosants soucieux de la vérité, de la justice et de leurs intérêts, et je leur demande s'il n'y a pas là un lien qui réunisse les deux intérêts du corps des arrosants et des hoirs de Grignan, et si l'Eygadier doit constater le manquant, dans le cas où l'eau manquerait, sans en découvrir l'origine, même supérieurement au canal de M. de Grignan ; laquelle doit être réprimée à frais communs pour partager par moitié le montant de la condamnation.

Voilà donc, messieurs, votre grand cheval de bataille par terre, ce n'est qu'un fantôme qui vous a servi quelques fois pour vous faire dire X. s'y entend, ***. S'y entend, tandis que vous ne vous entendez qu'à répandre l'erreur.

Par supplément à la transaction du 8 mai 1834 il fut convenu le 30 juin de la même année, qu'un canal particulier au moulan de Boisgelin serait construit dans la crau depuis Molière, jusqu'au bassin du Merle.

Voici la convention qui régit ce canal :

Le nouveau projet d'acquisition d'eau étant de prendre le moulan au bassin du Merle, de l'introduire dans le canal de M. de Grignan vers Molière en l'y amenant par un canal particulier à faire dans la Crau, il y aura lieu à appliquer pour cette dépense les pactes contenus aux articles 4 et 5 de la transaction précitée (1834) pour ce qui sera de recurage et de l'entretien annuel de ce canal nouveau à perpétuité, les parties conviennent que ces frais seront supportés à l'avenir, par moitié entre M. le comte de Grignan et les arrosants.

Ce canal fut en effet construit, mais au lieu de commencer au bassin du Merle, on le fit partir d'un kilomètre de distance et prend le moulan dans le canal de la compagnie des Alpines, après qu'on l'y a introduit au bassin du Merle.

Pourquoi n'a-t-on pas fait partir ce canal du bassin ? Je n'en sais rien ! le corps des arrosants l'a voulu ainsi, c'est lui qui l'a construit, c'est lui qui l'a voulu, et l'a accepté ainsi.

Or, pour faire passer le moulan dans le canal de la compagnie des Alpines, celle-ci lui fait payer (au corps des arrosants) une redevance de 125 francs par an, c'est encore lui le corps des arrosants qui l'a voulu ainsi, c'est lui qui a fait la demande à l'administration de la compagnie et c'est le corps des arrosants que la dite compagnie a autorisé à introduire le moulan dans son canal par une délibération de son conseil en date de 1841.

Cette somme est payée annuellement par le corps des arrosants à la compagnie des Alpines depuis 1847, et aujourd'hui on insinue que les hoirs de Grignan ont à tenir compte au corps de la moitié de cette somme, on se fonde probablement sur le dernier paragraphe du supplément de la transaction du 30 juin 1834, où il est dit que le recurage et l'entretien du canal nouveau seront supportés par moitié entre M. de Grignan et le corps des arrosants. Les arguments de la réponse comme sur tout ce qui précède ne sont pas difficiles à mettre en lumière pour dissiper cette espèce de brouillard qui plane sur les basses régions du corps des arrosants. D'abord quand on invoque le principe d'un acte librement consenti, il n'est pas permis d'en déroger pour le besoin de sa cause, car si ce dernier paragraphe oblige M. de Grignan à payer la moitié du recurage et de l'entretien, les articles 4 et 5 de la transaction du 8 mai 1834, obligent le corps des arrosants à payer en totalité l'achat de terrain et la construction du canal et toute espèce d'autres dépenses.

En conséquence, la somme de 125 francs que paye le corps des arrosants à la compagnie des Alpines, représente : 1° les intérêts de l'achat des terrains nécessaires à la construction du canal et ceux de la construction du canal, ce qui incombe en totalité au corps des arrosants et 2° le recurage, l'entretien et les frais d'administration, dont le montant doit être supporté par égale portion entre M. de Grignan et le corps.

Pour déterminer la portion de chacun, il s'agit de connaître ce que coûte le recurage et l'entretien du canal des Alpines à partir du bassin du Merle, jusqu'à la prise du canal Désiré. J'ai entendu plusieurs fois M. Maximin Bérard, fixer cette dépense à la somme de dix francs au maximum, M. Bérard est expert en cette matière, je prends son chiffre maximum et je le partage aux cinq moulans qui coulent dans le canal des Alpines, au bassin du Merle. C'est donc la somme de deux francs, qui incombe au moulan Désiré, et cette somme étant partagée par moitié entre M. de Grignan et le corps, c'est un franc par an que le corps des arrosants a payé pour les hoirs de Grignan, soit pendant trente ans, trente francs.

La somme de 123 francs qui reste au compte du corps des arrosants en totalité, doit représenter comme je l'ai dit déjà, les intérêts de l'achat de terrain et ceux de la construction du canal, en multipliant cette somme par cinq moulans, nous arrivons à celle de 615 francs, ce qui représente les intérêts d'un fonds de 12,300 francs. Une loi de 1845, autorise tout particulier à faire passer son eau dans le canal d'autrui, en payant une indemnité proportionnée. Or, le corps des arrosants ayant payé lui-même la reconstruction de la vanne et l'agrandissement du canal, il ne doit aujourd'hui au prorata que les intérêts des fonds dépensés pour l'achat des terrains et la construction du canal. Je doute qu'un kilomètre de canal dans la Crau coûte 12,300 francs. Si donc le corps des arrosants paye sans savoir ce qu'il paye comme tout ce qu'il fait, les hoirs de Grignan, savent qu'ils doivent payer la moitié du recurage et de l'entretien seulement ; et comme des avances plus importantes ont été faites par eux pendant trente ans au corps des arrosants, ils procèderont au règlement de tous comptes quand bon semblera aux syndics.

Les impositions foncières du canal Désiré payées à Arles par les hoirs de Grignan pendant 30 ans, doivent leur être remboursées par le corps des arrosants, en vertu des articles 4 et 5 de la transaction du 8 mai 1834 ; le montant annuel étant de fr. 4,38, c'est donc la somme de 131 francs 40 centimes que les arrosants doivent aux hoirs de Grignan, et si de 131 fr. 40 cent. nous retranchons 30 fr., les arrosants restent devoir aux hoirs de Grignan la somme de 101 fr. 40 cent. sur ce compte. Cela n'empêche pas aux arrosants de dire et de prétendre que les hoirs de Grignan leur doivent une forte somme.

On colporte encore que les hoirs de Grignan se faisant payer les arrosages sur toutes les terres arrosées, les arrosants ne sont pas passibles d'indemnité lorsqu'ils prennent l'eau qui doit servir au fonctionnement du moulin. Je voudrais bien savoir par quel contrat M. de Grignan a acquiescé à cette condition et il est intervenu dans la division des eaux lorsqu'elle est dans les contrefossés ou les branches ? Les hoirs de Grignan prennent leur bien ou ils le trouvent, parce que l'eau, même celle qui est réservée aux arrosants supérieurs est encore leur bien qui a une destination spéciale, comme celle qui doit faire tourner le moulin à sa destination spéciale. Or, il n'appartient à personne de déranger l'harmonie qui doit exister pour que chacun ait sa part.

Les arrosants sont passibles de dommages et intérêts : 1° pour avoir fait des coupures au canal ; 2° pour avoir établi de nouvelles prises au dessus du pont de Massacre ; 3° pour mettre des planches à travers le canal ; 4° pour ne pas fermer au Massacre quand les Patis arrosent ; 5° pour laisser prendre trop d'eau à la fois aux arrosants des Patis ; 6° pour prendre de l'eau au dessous de Capelonne à Bussy qu'un syndic ancien a voulu creuser parce qu'il y était personnellement intéressé ; 7° pour la prendre à la martelière de Girardot qu'un autre syndic a fait construire parce qu'il y était personnellement intéressé, et ils seront en outre passibles de dommages et intérêts lorsqu'ils voudront prendre de l'eau à l'Éperon malgré la volonté des hoirs de Grignan.

Que l'assemblée du 29 avril 1877 se le tienne pour dit.

E. ROBERT

Istres, le 15 mai 1877.